Meine ersten 270 Wörter auf

PLATTDEUTSCH

Mit Zeichnungen von Johannes Kolz

WAS MAN SO MACHT

dwalen
herumirren
flöken
fluchen
meten
messen
doon
tun
strieken
streichen
graven
graben
bugen
biegen, beugen
halen
holen
heven
heben
gahn
gehen

ZU HAUSE

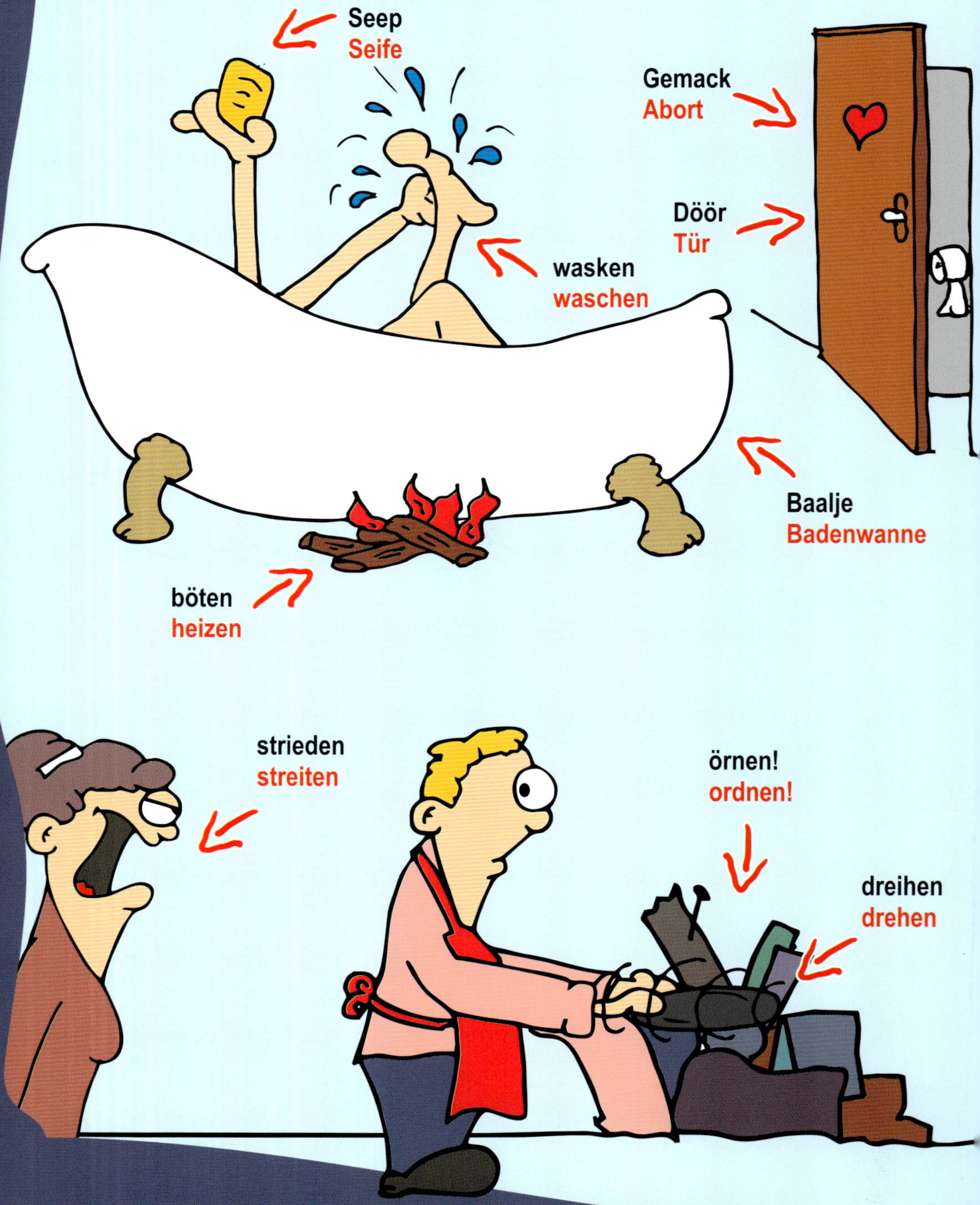
Seep
Seife
Gemack
Abort
Döör
Tür
wasken
waschen
Baalje
Badenwanne
böten
heizen
strieden
streiten
örnen!
ordnen!
dreihen
drehen

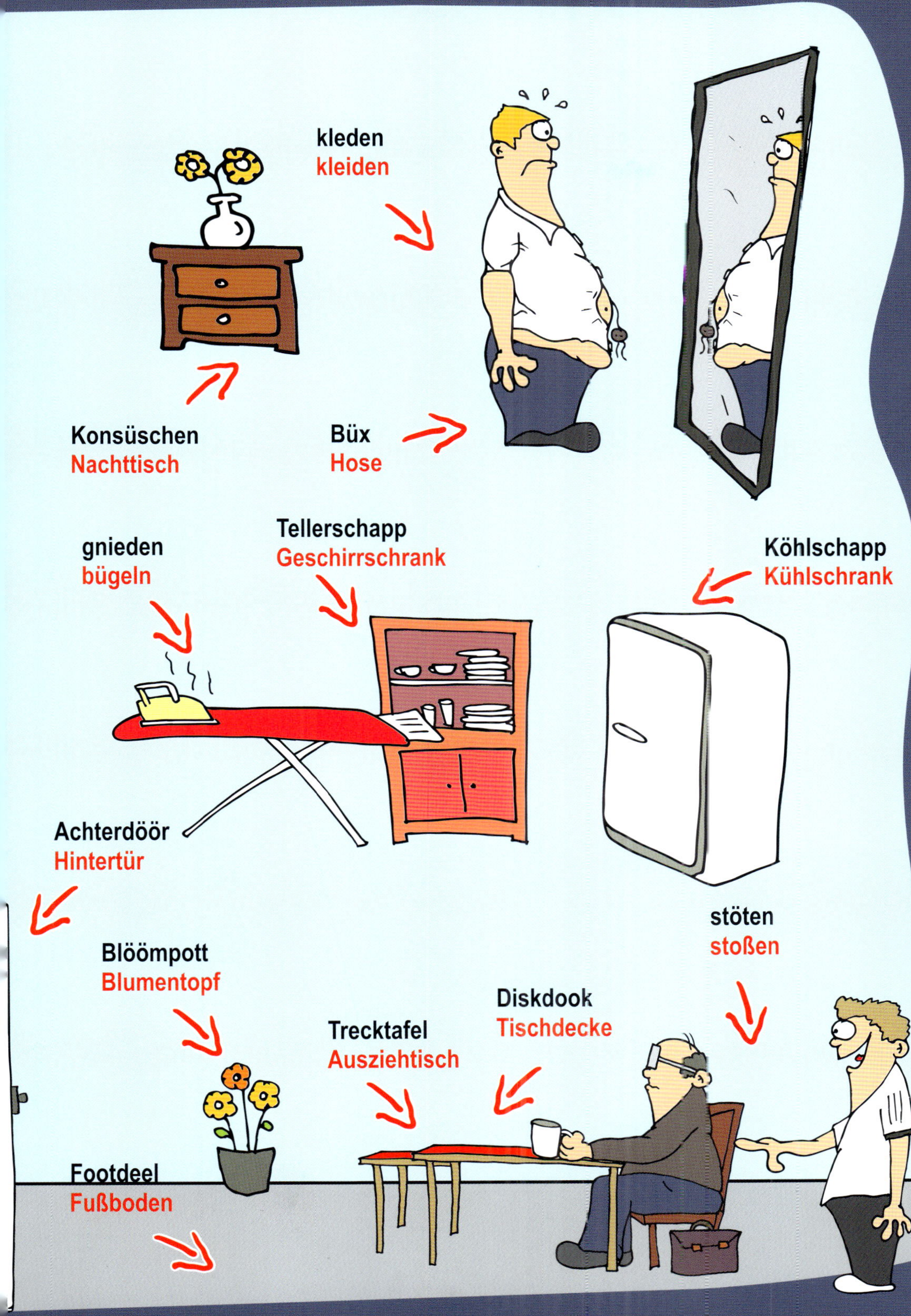
kleden
kleiden
Konsüschen
Nachttisch
Büx
Hose
gnieden
bügeln
Tellerschapp
Geschirrschrank
Köhlschapp
Kühlschrank
Achterdöör
Hintertür
stöten
stoßen
Blöömpott
Blumentopf
Diskdook
Tischdecke
Trecktafel
Ausziehtisch
Footdeel
Fußboden

IN DER KÜCHE

Köken
Küche
Karsen
Kirschen
Solt
Salz
Knuuvlock
Knoblauch
slicken
schlecken
Musterd
Senf
rieven
reiben
Etenslüst
Appetit
eten
essen
geneten
genießen
ruken
riechen
koken
kochen

Sopp
Suppe
Schöttel
Schüssel
slingen
schlingen
sugen
saugen
Babbelwater
zu dünner Tee
Treckpott
Teekanne
Sleev
Suppenkelle
spölen
abspülen
Potten un Pannen
Kochgeschirr
sluken
schlucken

DRAUSSEN

freten
fressen
Sludderweer
schlechtes Wetter
dönnern
donnern
Schienfatt
Laterne
of
ab
tuuntjen
gärtnern
söken
suchen
Mudder
Matsch
geten
gießen
gröten
grüßen
Moin!
Grußwort
Moin Moin!
Grußwort

Kuntrei
Gegend
Lucht
Luft
rieden
reiten
tüdeln
herumwerkeln
wiesen
zeigen
bölken
brüllen
RASENFLÄCHE BETRETEN VERBOTEN!
scheten
schießen
drapen
treffen
Bit denn!
Tschüss!
Moijen Dag noch!
Schönen Tag!

IN DER KNEIPE
wispeln
flüstern
kriegen
bekommen
langen
reichen
Buddel
Flasche
Stübber
Handfeger
Bruus
Limonade
kasseren
kassieren
wachten
warten
kopen
kaufen
Kuur
Schnaps
vullmaken
füllen
Ofsetter
Abschiedsschnaps
Suupnöös
Alkoholiker

Lütt un Lütt?
Bier und Korn?
Klöönsnack
Plauderei
klönen
plaudern
swajen
torkeln,
taumeln
supen
saufen
wenken
winken
Kapp
Kappe
krieten
kreischen
fiemeln
schmeicheln
juchtern
toben
fieren
feiern

REDEWENDUNGEN

WAT DE BUUR NICH KENNT,
DAT FRETT HE NICH!

Was der Bauern nicht kennt,
das frisst er nicht!

BÜST DU MALL?

Bist du bescheuert?

CLOCK ACHT, DACH ERWACHT!

Acht Uhr früh, Zeit zum Aufstehen!

VAN VÖRN AS´N REH,
VAN ACHTERN AS´N PEERD!

Von vorne wie ein Reh,
von hinten wie ein Pferd!

TRAU KIEN OSS VAN VÖRN,
KIEN PERD VAN ACHTERN UN
KIEN MINSK ÜM DIE TO!

Trau keinem Ochsen von vorn,
keinem Pferd von hinten und
keinem Menschen in deiner Nähe!

KIEK MOL WEDDER IN!

Guck mal wieder rein!

NICH LANG SNACKEN,
KOPP IN'N NACKEN!
Typischer
Trinkspruch
BLOOTS NICH NOH
RECHTS UN LINKS KIEKEN!
Nur keine Veränderung!
WATT'N WEER WEER,
REGN'T UNNERT DÖÖR DÖÖR.
Was für ein Wetter wieder,
es regnet unter der Tür durch.
ELK EEN NOH
SIEN MÖÖG!
Jeder wie er es mag!
LAAT MAN
LOOPEN!
Ist schon gut so!

WAS MAN NOCH SO MACHT

legen
lügen
beschülligen
beschuldigen
ielen
eilen
luren
lauschen
knojen
hart arbeiten
kieken
gucken
puchen
prahlen
schruven
schrauben
püttjern
langsam
arbeiten
luken
ziehen

BEIM ARZT

helpen
helfen
lieden
leiden
blieven
bleiben
Achterste
Hintern
bleek
bleich
Kuuspien
Zahnschmerzen
Haarijasses!
Meine Güte!
Bangbüx
Angsthase
hoosten
husten

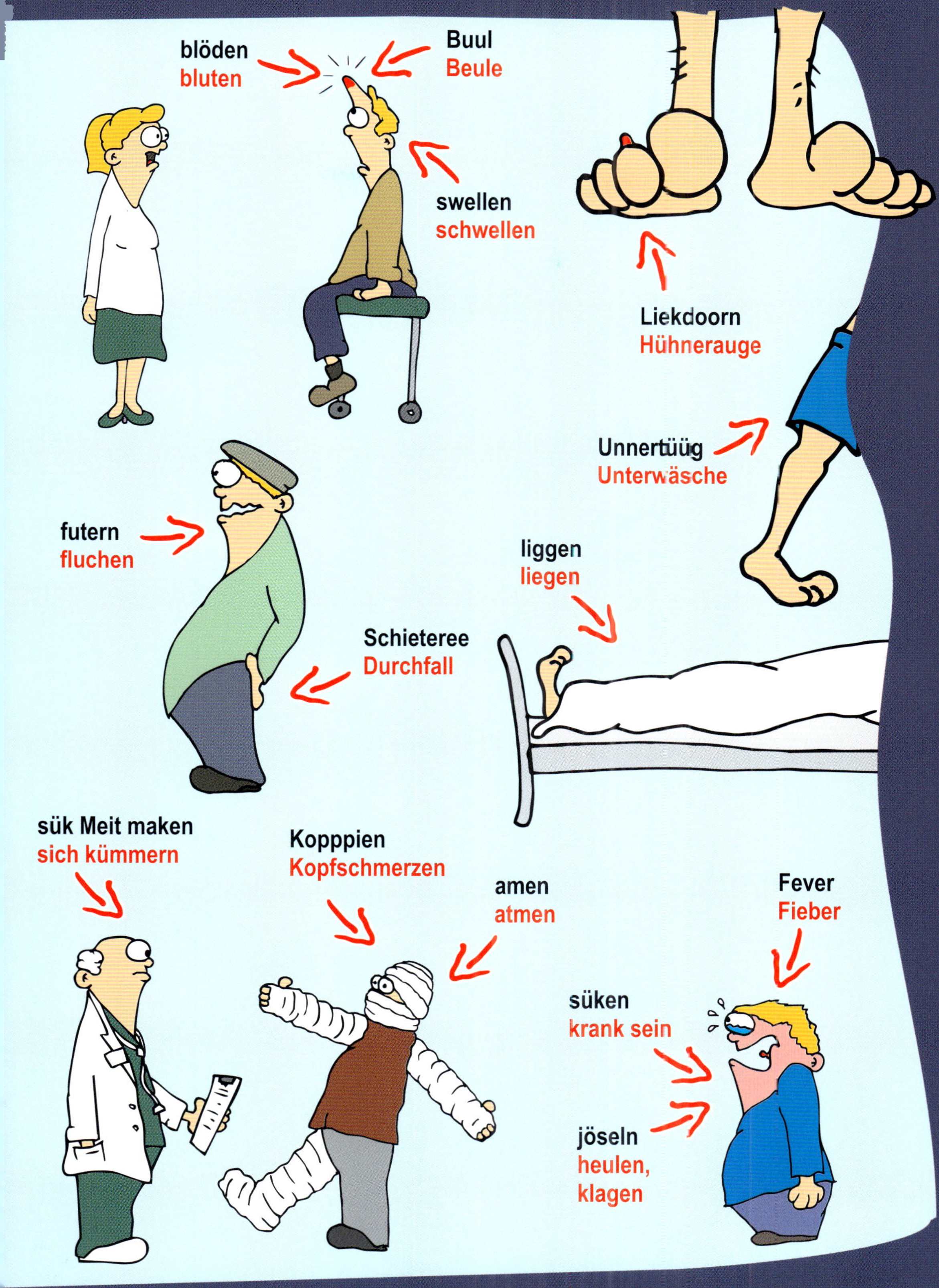
blöden
bluten
Buul
Beule
swellen
schwellen
Liekdoorn
Hühnerauge
Unnertüüg
Unterwäsche
futern
fluchen
liggen
liegen
Schieteree
Durchfall
sük Meit maken
sich kümmern
Kopppien
Kopfschmerzen
amen
atmen
Fever
Fieber
süken
krank sein
jöseln
heulen,
klagen

MENSCHEN

Smeerlapp
Schmierlappen
Kauelmoors
Schwätzer
Dwarsdriever
Quertreiber
Klookschieter
Klugscheißer
CHEF
Blixem
Teufel
klunterig
ungelenk
Sünnerklaas
Sankt Nikolaus
Ziepeltriene
Heulsuse
Klüterbaas
Bastler

Wicht
Mädchen
Duddlapp
Trottel
Herumdriever
Herumtreiber
NUR WEG!
Klunterhack
Tollpatsch
Dööskopp
Dummkopf
Töffel
Dussel
Netenknieper
geiziger
Mensch
Blaffert
Großmaul
Hellhaak
streitsüchtige Frau
Leilapp
Faulpelz

GUTEN APPETIT!

lesbeen mit Suurkohl
Eisbein mit Sauerkraut

braden Tuffels
Bratkartoffeln

Pellkartuffels
Pellkartoffeln

braden Schull
gebratenen Scholle

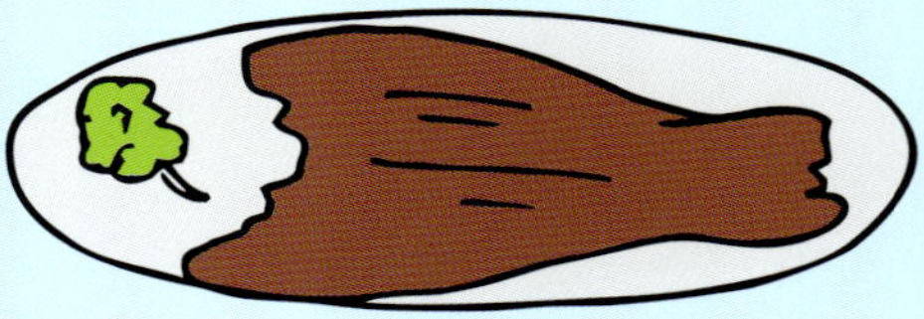

Suurfleesch
Sauerfleisch

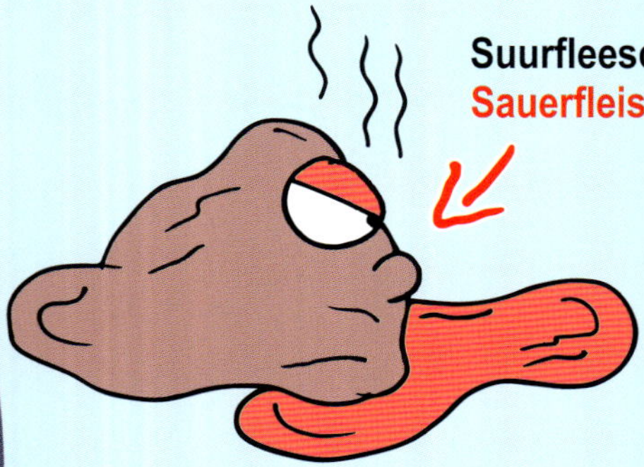

Ries
Reis

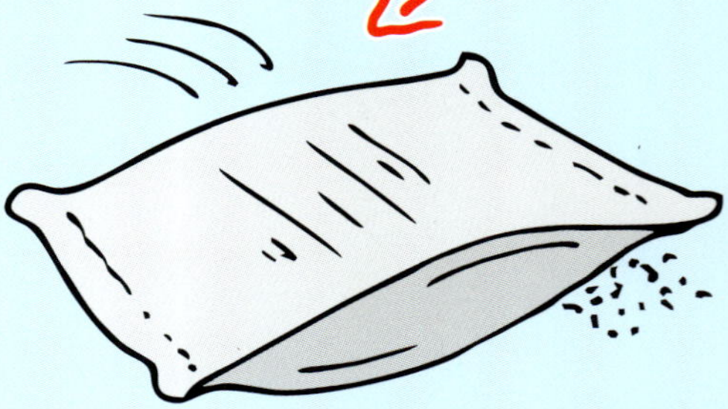

Arvtensopp
Erbsensuppe

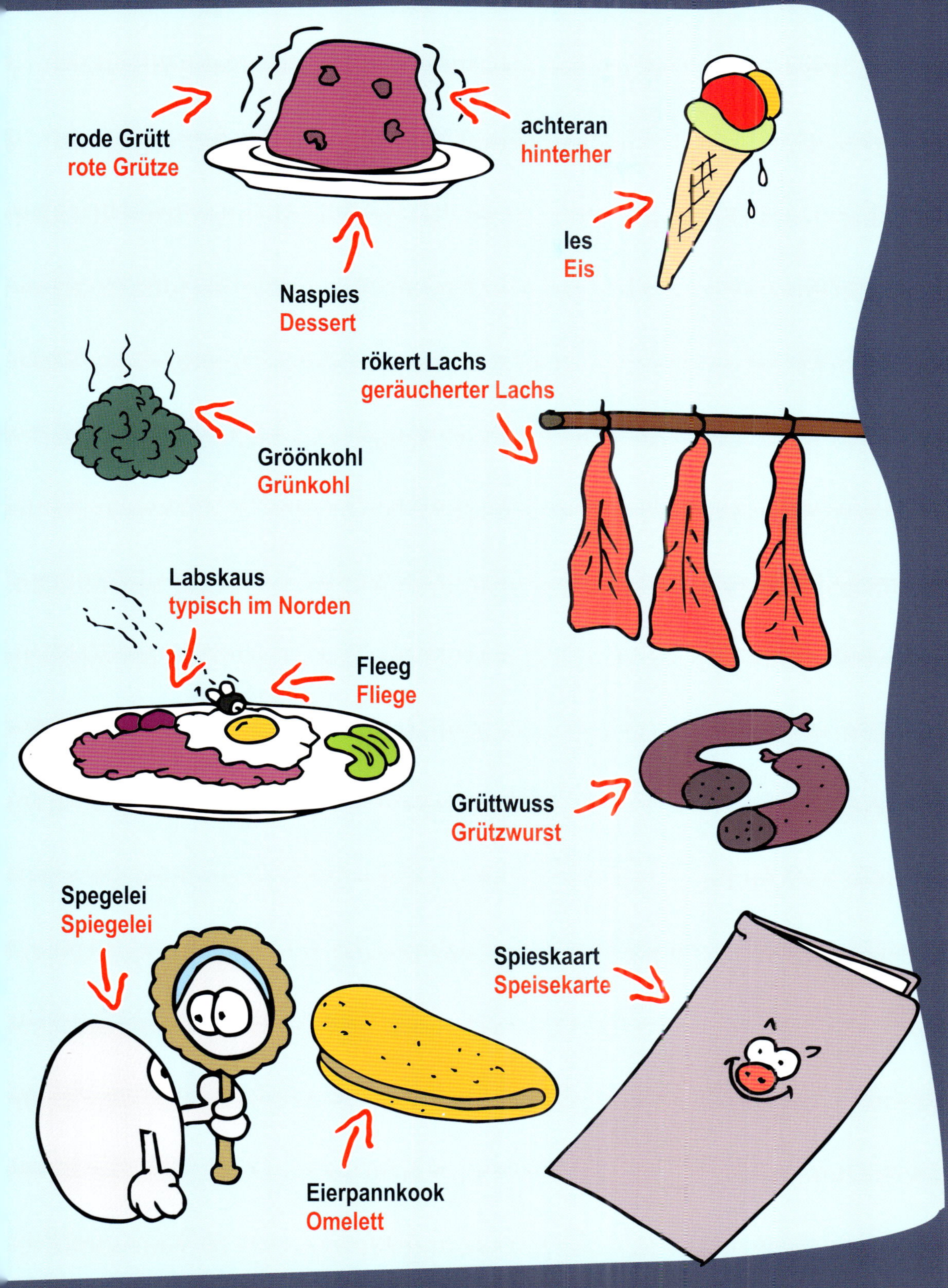
rode Grütt
rote Grütze
achteran
hinterher
les
Eis
Naspies
Dessert
rökert Lachs
geräucherter Lachs
Gröönkohl
Grünkohl
Labskaus
typisch im Norden
Fleeg
Fliege
Grüttwuss
Grützwurst
Spegelei
Spiegelei
Spieskaart
Speisekarte
Eierpannkook
Omelett

IN DER NATUR
Fielapper
Schmetterling
flegen
fliegen
Hunnblööm
Löwenzahn
krupen
kriechen
planten
pflanzen
Adder
Kreuzotter
Eerkruper
Eidechse
Dauwurm
Regenwurm
wröten
wühlen
Aap
Affe
aapsch
affig

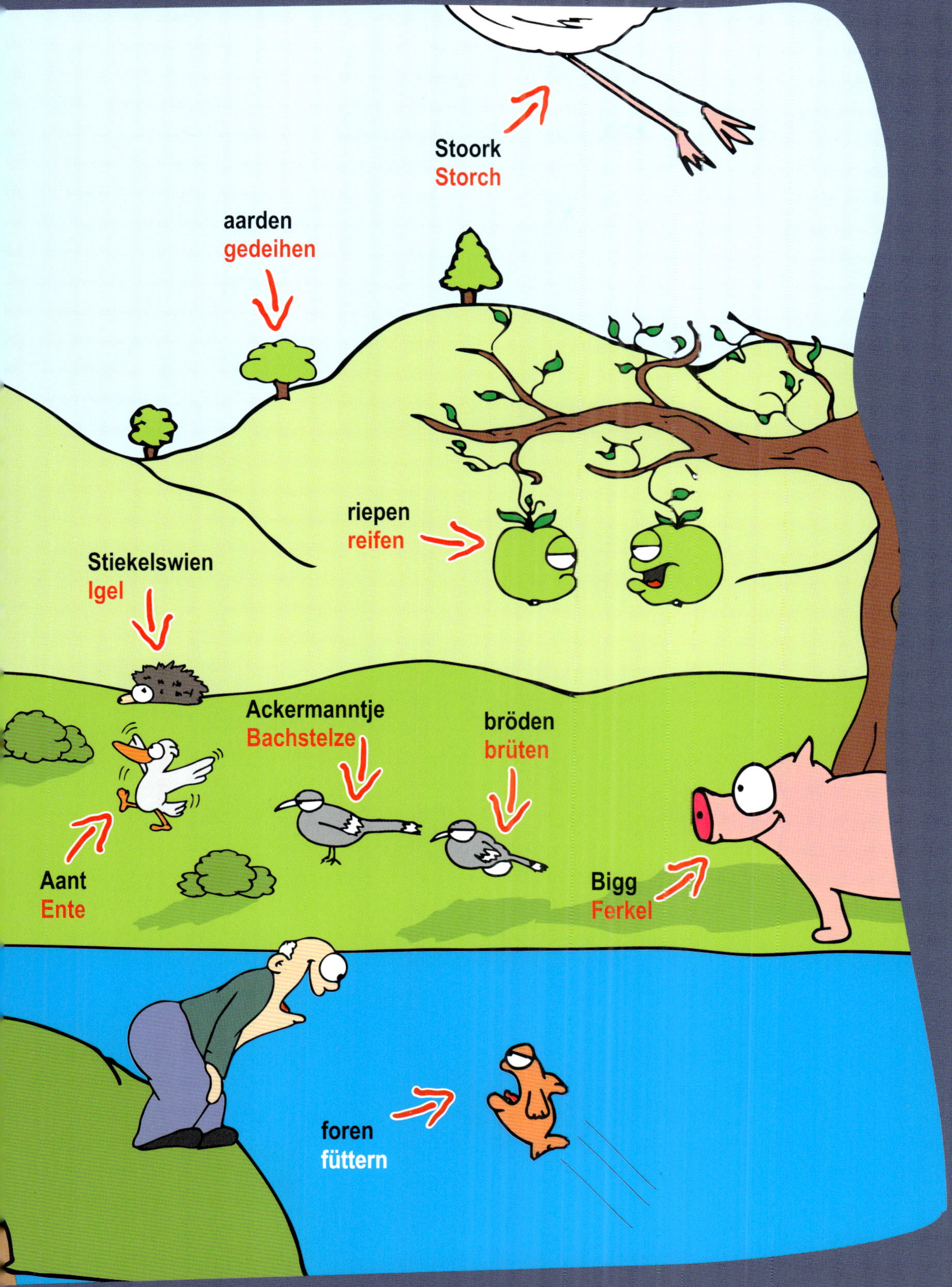
Stoork
Storch
aarden
gedeihen
riepen
reifen
Stiekelswien
Igel
Ackermanntje
Bachstelze
bröden
brüten
Aant
Ente
Bigg
Ferkel
foren
füttern

AM STRAND

spölen
spielen
redden!
retten!
stüren
steuern
achtern
hinten
Buseruuntje
blaues Hemd mit weißen Streifen
duken
tauchen
bootjen
Boot fahren
bargen
bergen

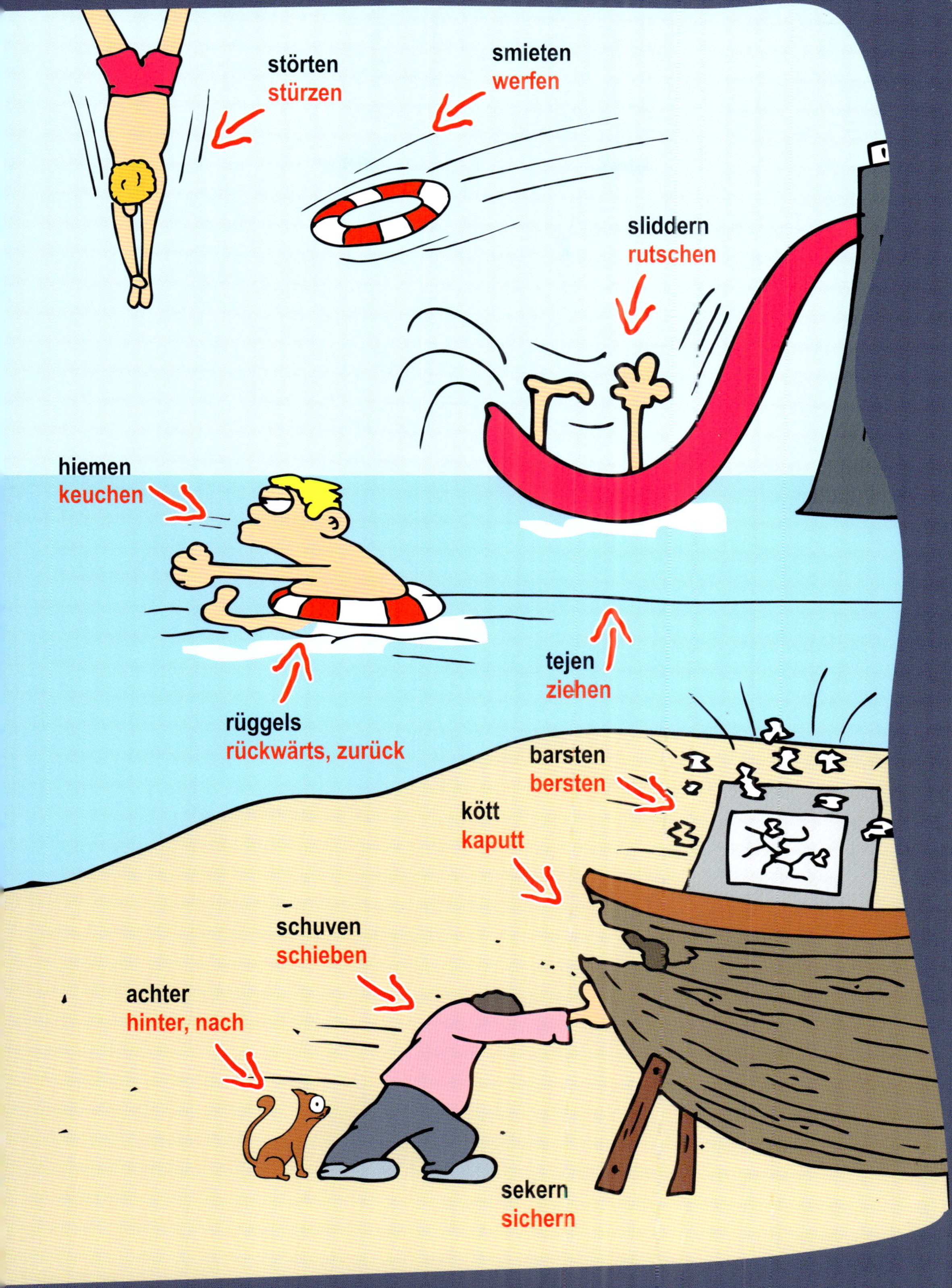

störten
stürzen
smieten
werfen
sliddern
rutschen
hiemen
keuchen
tejen
ziehen
rüggels
rückwärts, zurück
barsten
bersten
kött
kaputt
schuven
schieben
achter
hinter, nach
sekern
sichern

EINIGE WÖRTER

Aant - Ente
Aap - Affe
aapsch - affig
aarden - gedeihen
achter - hinter, nach
achteran - hinterher
Achterdöör - Hintertür
achtern - hinten
Achterste - Hintern
Ackermanntje - Bachstelze
Adder - Kreuzotter
amen - atmen
Arvtensopp - Erbsensuppe

Baalje - Badenwanne
Babbelwater - zu dünner Tee
Bangbüx - Angsthase
bargen - bergen
barsten - bersten
beden - bieten
bedregen - betrügen
begröten - begrüßen
belieken - begleichen
beschülligen - beschuldigen
bieten - beißen
Bigg - Ferkel
Bit denn! - Tschüss!
Blaffert - Großmaul
bleek - bleich
blieven - bleiben
Blixem - Teufel
blöden - bluten
Blöömpott - Blumentopf

boen - bauen
bölken - brüllen
bootjen - Boot fahren
böten - heizen
braden Schull - gebratenen Scholle
braden Tuffels - Bratkartoffeln
bröden - brüten
Bruus - Limonade
Buddel - Flasche
bugen - biegen, beugen
Buseruuntje - blaues Hemd, weiße Streifen
Buul - Beule
Büx - Hose

Dauwurm - Regenwurm
delen - teilen
Diskdook - Tischdecke
dönnern - donnern
doon - tun
Döör - Tür
Dööskopp - Dummkopf
drapen - treffen
dreihen - drehen
Duddlapp - Trottel
duken - tauchen
düveln - schimpfen
dwalen - herumirren
Dwarsdriever - Quertreiber

Eerkruper - Eidechse
Eierpannkook - Omelett
eten - essen
Etenslüst - Appetit

Fever - Fieber
Fielapper - Schmetterling
fiemeln - schmeicheln
fieren - feiern
Fleeg - Fliege
flegen - fliegen
flöken - fluchen
Footdeel - Fußboden
foren - füttern
freten - fressen
futern - fluchen
Füürtoorn - Leuchtturm

gahn - gehen
Gemack - Abort
geneten - genießen
geten - gießen
geven - geben
glupen - glotzen
gnieden - bügeln
graven - graben
griepen - greifen
Gröönkohl - Grünkohl
gröten - grüßen
Grüttwuss - Grützwurst

Haarijasses! - Meine Güte!
halen - holen
Hellhaak - streitsüchtige Frau
helpen - helfen
Herumdriever - Herumtreiber
heven - heben
hiemen - keuchen
hollen - halten
hoosten - husten
Hunnblööm - Löwenzahn

ielen - eilen
Ies - Eis
Iesbeen mit Suurkohl - Eisbein mit Sauerkraut

jöseln - heulen, klagen
juchtern - toben

Kapp - Kappe
Karsen - Kirschen
kasseren - kassieren
Kauelmoors - Schwätzer
kieken - gucken
klamüüstern - grübeln
kleden - kleiden
Klei mi ann mors! - Beschimpfung
klönen - plaudern
Klookschieter - Klugscheißer
Klöönsnack - Plauderei
Klunterhack - Tollpatsch
klunterig - ungelenk
Klüterbaas - Bastler
kniepen - kneifen
knojen - hart arbeiten
Knuuvlock - Knoblauch
Köhlschapp - Kühlschrank
koken - kochen
Köken - Küche
Konsüschen - Nachttisch
kopen - kaufen

Kopppien - Kopfschmerzen
kött - kaputt
kriegen - bekommen
krieten - kreischen
krupen - kriechen
Kuntrei - Gegend
Kuur - Schnaps
Kuuspien - Zahnschmerzen

Labskaus - typisch im Norden
langen - reichen
leden - leiten
legen - lügen
Leilapp - Faulpelz
lieden - leiden
Liekdoorn - Hühnerauge
liggen - liegen
Lucht - Luft
luken - ziehen
luren - lauschen
Lütt un Lütt - Bier und Korn

meten - messen
Moijen Dag noch! - Schönen Tag!
Moin Moin! - Grußwort
Moin! - Grußwort
Mööv - Möwe
Mudder - Matsch
Musterd - Senf

Naspies - Dessert
Netenknieper - geiziger Mensch

of - ab
Ofsetter - Abschiedsschnaps
örnen! - ordnen!

Pellkartuffels - Pellkartoffeln
planten - pflanzen
Potten un Pannen - Kochgeschirr
puchen - prahlen
püttjern - langsam arbeiten

redden - retten
rieden - reiten
riepen - reifen
Ries - Reis
rieven - reiben
rode Grütt - rote Grütze
rökert Lachs - geräucherter Lachs
ropen - rufen
rüden - zappeln
rüggels - rückwärts, zurück
ruken - riechen

Schaap - Schaf
scheten - schießen
Schienfatt - Laterne
Schiet - Hier: Vogeldreck
Schieteree - Durchfall
Schöttel - Schüssel
schrieven - schreiben
schruven - schrauben
schünen - reizen
schuven - schieben

Seep - Seife
seggen - sagen
sekern - sichern
slaan - schlagen
slapen - schlafen
Sleev - Suppenkelle
slicken - schlecken
sliddern - rutschen
slingen - schlingen
Sludderweer - schlechtes Wetter
sluken - schlucken
Smeerlapp - Schmierlappen
smieten - werfen
söken - suchen
Solt - Salz
Sopp - Suppe
Spegelei - Spiegelei
Spieskaart - Speisekarte
spölen - abspülen
spölen - spielen
stahn - stehen
Stiekelswien - Igel
Stoork - Storch
störten - stürzen
stöten - stoßen
strieden - streiten
strieken - streichen
Stübber - Handfeger
stüren - steuern
sugen - saugen
sük Meit maken - sich kümmern
süken - krank sein

Sünnerklaas - Sankt Nikolaus
supen - saufen
Suupnöös - Alkoholiker
Suurfleesch - Sauerfleisch
swajen- torkeln, taumeln
swellen - schwellen

tejen - ziehen
Tellerschapp - Geschirrschrank
Töffel - Dussel
Treckpott - Teekanne
Trecktafel - Ausziehtisch
tüdeln - herumwerkeln
tuuntjen - gärtnern

Unnertüüg - Unterwäsche

vullmaken - füllen

wachten - warten
wasken - waschen
wenken - winken
Wicht - Mädchen
wiesen - zeigen
wispeln - flüstern
wröten - wühlen
Wulk - Wolke

Ziepeltriene - Heulsuse

RUM!

MIX
Papier aus verantwortungsvollen Quellen
FSC
www.fsc.org
FSC® C014138

Penguin Random House Verlagsgruppe
FSC® N001967

Die Deutsche Nationalbibliothek verzeichnet diese Publikation in der Deutschen Nationalbibliografie; detaillierte bibliografische Daten sind im Internet unter http://dnb.d-nb.de abrufbar.

Umschlaggestaltung: Obacht GmbH, Trier
Satz: alles-trier.de
Druck und Bindung: Finidr s.r.o., Tešin
Printed in Czech Republic

ISBN 978-3-7306-0310-9

www.anacondaverlag.de